A la Bibliothèque nationale de France,
don de l'auteur.
Kain, Hainaut, 11 mars 1907

NOTES

SUR LES FAMILLES

QUINET & CAULIER

Extrait de la Revue tournaisienne
3me année, 1re livraison.

Plaquette tirée à cinquante exemplaires,
numérotés et signés par l'auteur.

N° 45. Le Cte P. A. du Chastel

NOTES

SUR

LES FAMILLES

QUINET & CAULIER

PUBLIÉES PAR

le Comte du CHASTEL de la HOWARDERIE-NEUVIREUIL

Truth for ever!

H. & L. CASTERMAN

LIBRAIRES-ÉDITEURS

TOURNAI

1907

NOTES

SUR

LES FAMILLES

QUINET & CAULIER

Le nom QUINET, qui peut être un abrégé de Quintinet (petit Quentin) ou de Haquinet (petit Jean) et que certaines personnes prononçaient *Quinette*, est assez répandu dans la partie de la France qui confine au Hainaut et dans l'Est de cette province. Il est devenu célèbre sous ses deux formes dont l'une désigne un député à la Convention, mort en 1821, et dont l'autre fut représentée plus glorieusement, par le savant historien, Edgar Quinet, professeur au collège de France, mort en 1875.

Il y eut au XVIIe siècle à Tournai, une famille QUINET qui dura deux générations seulement. Bien qu'étrangère à la localité, elle y fut patricienne en même temps qu'échevinale. Son chef s'était attaché à la fortune du Comte de Middelbourg, gentilhomme de la Maison de Mérode qui gouverna Tournai et le Tournaisis dans les premières années du règne de Philippe IV d'Autriche-Espagne, souverain de la contrée. Après le décès de ce gouverneur arrivé à Dunkerque, le 18 octobre 1625, *Jean* QUINET, son secrétaire, continua de résider à Tournai où il venait de se marier. Nous le trouvons bailli de la seigneurie de Froyennes pour les seigneurs du nom de *de Meldeman*, depuis le 4 mai 1633 jusqu'au 23 décembre 1654 (1); il fut aussi bailli du fief de Honnevaing dit Havron, pour le seigneur de Froyennes, et de Blandain pour l'évêque de Tournai. Le 4 mai 1633, il est nommé *Quinet*; le 11 février 1643, c'est Honorable homme Jehan *Guinnette*, et en 1651, 1654, il redevient Jehan Quinet, toujours

(1) ARCHIVES DE L'ETAT A MONS. *Froyennes*, Registres de plaids, t. II, 1630 à 1643, folios 43, recto; 164, verso; 219, recto; — t. III, 1643 à 1662, fol. 9, verso; 79, recto; 82, verso, et 106, verso. Il succéda au bailli Charles *de Hecq* et fut remplacé par Adrien *d'Illies*.

avec la qualification Honorable homme (1). Ses armoiries sont enregistrées par Bozière sous le nom de Guinet, dans l'*Armorial de Tournai et du Tournaisis* qui fait partie du Tome VI des Mémoires de la Société historique et littéraire de Tournai. On les y trouve à la page 246 (2). Elles se blasonnent *d'azur au chevron d'or accompagné de trois roses d'argent, tigées et feuillées de sinople.*

Dans son *Armorial général,* Rietstap a copié très-soigneusement Bozière, mais nous qui connaissons mieux la personnalité en cause, nous lui restituons son nom réel, Quinet, et blasonnons ses armoiries, *d'azur au chevron d'or accompagné de trois roses d'argent, tigées et feuillées du même.* Cette description est conforme aux dessins qu'a faits de cet écusson, Charles-Joseph Caulier, petit-fils de Jean *Quinet*, et qui sont reproduits par Malotau de Villerode aux pages 130, 389 et 398 du *Manuscrit CCXXVI* de la Bibliothèque de Tournai. Nous en plaçons ici l'image.

Jean Quinet fit partie de la Magistrature tournaisienne de 1646 à 1654, et mourut à Tournai sur la paroisse de Saint-Brice, le 13 novembre 1655 (3).

Il avait épousé dans la dite ville, en l'église de Saint-Jacques, le 21 avril 1625, *Marie* Cauderlier, baptisée dans la même église, le 20 septembre 1605. Cette demoiselle qui était fille de Marc *Cauderlier* et de Françoise *Rapaille* (4), fut tenue sur les fonts de baptême par Monsieur Jean de la Chapelle et

(1) Idem, ibidem. T. II, fol. 43, recto, et 164, verso.

(2) Dans les tirés à part, c'est la page 122.

(3) H. vanden Broeck. *La Magistrature tournaisienne*. Tournai, Malo et Levasseur, 1870, in-8°, p. 140. — Bibliothèque de Tournai. *Manuscrit* 226, p. 398.

(4) Marc *Cauderlier* épousa à Saint-Jacques de Tournai, le 17 juillet 1599, Françoise Rapaille. Il appartenait à une famille dont était aussi Honorable homme Jacques Cauderlier, maïeur des échevins de

par D[elle] Marie le Cupre (1). Elle mourut sur Saint-Brice, le 11 mars 1650.

Voici l'épitaphe de Jean Quinet et de sa femme :

Armoiries des Quinet.

ICY GYSENT HONORABLE HOMME JEAN QUINET EN SON TEMPS SECRÉTAIRE DE MONSEIGNEUR LE COMTE DE MIDDELBOURG, GOUVERNEUR DE TOURNAY, PLUSIEURS FOIS ÉCHEVIN DE CETTE VILLE, BAILLY DE BLANDAIN, FROYENNES, ET AUTRES LIEUX, LEQUEL TRÉPASSA LE 13e DE NOVEMBRE 1655, ET D[elle] MARIE CAUDERLIER, SA COMPAGNE, DÉCÉDÉE LE 11e DE MARS 1650 (2).

Les époux Quinet-Cauderlier eurent neuf enfants; ce sont :

1° LOUISE Quinet, baptisée à Saint-Nicolas du Château de Tournai, le 28 mars 1626, fut tenue sur les fonts par Monsieur Paul Castelle et par D[elle] Marie Quoquel (Cocquiel), procuratrice de D[elle] Louise de Mérode. Elle mourut avant juillet 1633;

2° Jeanne Quinet, baptisée à Saint-Jacques de Tournai, le 21 janvier 1628, fut tenue sur les fonts par Bon Harou et Jeanne Coievers. Elle fut marraine à Sainte-Marguerite de Tournai, le 28 juin 1666, de sa nièce, Marie-Aldegonde *Caulier*, étant représentée à la cérémonie par sa sœur Cécile. Dans l'acte de ce baptême, la marraine est nommée *Quinette* alors que sa sœur et lieutenante reste Quinet. Jeanne fut aussi marraine à Saint-Brice, le 28 décembre de la même année de son autre nièce, Marie-Aldegonde Boucher, et cette fois, étant représentée par sa sœur, Louise (Melle Caulier par mariage), toutes deux reçoivent le nom de *Kinette* dans l'acte. Il est à supposer que Jeanne fut religieuse sous le nom claustral de Marie-Aldegonde, car ce sont ces prénoms qu'elle fit donner à ses filleules.

Saint-Brice en 1510. Les *de Hollain* descendent des CAUDERLIER par les Bonenfant, seigneurs du Quesnoi et de Nepplières à Maulde-sur-l'Escaut. — Quant aux RAPAILLE, Raspaille ou *de Rapaille*, ils doivent leur nom au fief dit de Rapaille, tenu de l'office du Réfectoire de la Cathédrale de Tournai. La coulture ou plaine de Rapaille gît à Fontenoi, lez-Antoing.

(1) *De Cupere*, dit *Cuperus*.

(2) BIBLIOTHÈQUE DE TOURNAI, *Manuscrit* CCXXVI (226), page 398.

3° Jean Quinet, prénommé aussi Jean-Bauduin, baptisé à Saint-Jacques de Tournai, le 27 janvier 1630, eut pour parrain, Maître Bauduin Fontaine, curé de Rumes, et pour marraine, Marie Théart. Il fut prêtre et devint chapelain de la collégiale de Notre-Dame d'Antoing. C'est dans ce bourg qu'il mourut le 27 novembre 1694. On y voyait autrefois dans cette église de Notre-Dame, son épitaphe que nous donnons ci-dessous :

Armoiries des Quinet.

Hic qui legit JOANNES BALDUINUS QUINET, sacerdos, hujus collegiata capellanus diligentissimus, obiit anno 1694, 27a novembris, ætatis suæ 64, sacerdotis et beneficii 36, ut in cœlo quiescat die animo. Requiescat in pace (1).

4° Marie Quinet, baptisée sous le nom *Quinette* à Saint-Jacques de Tournai, le 16 septembre 1631, eut pour parrain, Maître Jacques du Mortier, et pour marraine, Marie Rouillen. Elle mourut à Tournai, sur Saint-Piat le 16 avril 1693, après avoir épousé à Saint-Brice de cette ville, le 9 juillet 1661, *Simon* Boucher, qui mourut sur la paroisse de Saint-Piat le 14 avril 1708. C'était le frère de Gérard *Boucher-Lebrun* et le proche parent de Jacques *Boucher-Tavernier* et de Christophe *Boucher-de Bailleul.*

Leur fils aîné, *Pierre* Boucher, baptisé à Saint-Brice de Tournai, le 25 mars 1662 (2) et décédé sur Saint-Piat, le 2 août 1726, âgé de 64 ans, a été porté erronément sous le nom de Bouchin dans la table des baptêmes de Saint-Brice. Nous n'avons pu découvrir cette erreur qu'en lisant, acte par acte, le Registre 6bis. C'est du mariage de Pierre *Boucher* avec Marie-Barbe *de Bury* (3), contracté à Saint-Brice, le 30 juin 1686, qu'est venue la famille Boucher alliée aux *Favart-Cordonnier* (Saint-Brice, 25 novembre 1712); aux *Pétillon-de le Houzée* (Saint-Brice,

(1) Bibliothèque de Tournai, *Manuscrit* ccxxvi, p. 584.

(2) Archives de l'État-civil de Tournai, Registre *6bis*, p. 86, en bas.

(3) *De Bury*, au baptême (Saint-Brice, 9 novembre 1655) ; *del Bury*, au mariage (Saint-Brice, 30 Juin 1686), et *de le Bury*, au décès Saint-Piat, 1er décembre 1717).

5 mai 1761); aux *Nève-Dubois* (Tournai, 18 vendémiaire an VI, ou 9 octobre 1797); aux *Feyerick-Quinet* (Gand, 11 septembre 1843), et enfin aux *van Zuylen van Nyevelt* (Gand, 19 novembre 1881). Ces alliances où figurent six familles patriciennes ou nobles sont celles de la ligne directe aînée dont le chef est Monsieur Jules-François-Charles-Joseph Boucher, actuellement échevin des Finances et des Beaux-Arts de la ville de Tournai (1).

5° Louise Quinet, baptisée à Saint-Jacques de Tournai, le 20 juillet 1633, fut tenue sur les fonts par Monsieur Maître Lamorald Becquet (2), chanoine de la cathédrale de Tournai, et par D[elle] Marie Mercer. Elle mourut le 20 novembre 1678 et fut inhumée à Tournai dans l'église de Saint-Jacques, où son époux devait venir la rejoindre un an plus tard. Elle fut mariée à Sainte-Marguerite de Tournai, le 28 mai 1663, avec *Jean-Etienne* Caulier (3), fils de Jean *Caulier* et de Françoise *Bayart*. Cette union fut célébrée par le curé de Saint-Jean-Baptiste de Tournai par Commission réquisitoire de Maître J. du Quesne, curé d'Antoing. Jean-Etienne *Caulier* était licencié-ès-lois et conseiller du Roi au souverain bailliage de Tournai-Tournaisis. Il était issu d'une ancienne famille artésienne et avait épousé en premières noces, dans ladite église de Sainte-Marguerite, le 20 décembre 1655, Iolente-Anne Willart (4), décédée en ladite paroisse, le 11 juin 1662, et dont voici l'épitaphe :

Ecusson en losange, armorié parti de Caulier et de *Willart*.

(1) *Notices généalogiques tournaisiennes*, t. iii, pp. 24 à 26.

(2) De la famille douaisienne bien connue de nos jours, sous le nom *Becquet de Mégille*.

(3) Caulier : *d'azur à trois étrilles d'argent, emmanchées d'or.* — Dans l'*Armorial de Flandre, du Hainaut et du Cambrésis* publié par Borel d'Hauterive, (Paris, Dentu, 1856, in-8°), on trouve ces armoiries blasonnées d'étrange façon. A la page 109, N° 214, on lit : *d'azur à trois* estoiles *d'argent*, emmanchées *d'or, deux et une.* Des étoiles emmanchées sont plus qu'extraordinaires, elles sont impossibles. On pourrait croire à une faute typographique, qui aurait substitué *estoiles* à *estrilles*, si aux pages 172, N° 243; 176, N° 298, et 263, N° 308, les charges de l'écu des Caulier n'étaient encore des *étoiles* et aussi *emmanchées*. Bozière en son *Armorial de Tournai et du Tournaisis*, a fait une autre erreur en inventant des étrilles émanchées (p. 72). Rietstap, plus judicieux, a rétabli le blason des Caulier dans sa pureté héraldique.

(4) Willart : *d'azur au chevron d'or, accompagné de trois étoiles à six rais du même.*

ICY GIST D^elle^ IOLENTE-ANNE WILLART, FEMME A JEAN ETIENNE CAVLIER, LICENTIÉ ÈS-LOIS, ET ADVOCAT EN CETTE UILLE, LAQUELLE TRÉPASSA LE XJ^e^ DE JVIN 1662. R. I. P. (1).

De ce mariage, J.-E. Caulier avait retenu un fils, Jean-Estienne-Joseph, baptisé à Sainte-Marguerite, le 30 janvier 1657, qui fut tenu sur les fonts par M. Roland du Rieu, conseiller pensionnaire et échevin de la ville, et par D^elle^ Amelberge Willart. Jean-Estienne-Joseph, dit Etienne Caulier embrassa la carrière ecclésiastique, entra dans la Compagnie de Jésus et testa à Courtrai par devant Guillaume du Moulin, notaire royal, le 4 mars 1678, étant domicilié au Noviciat des Jésuites à Malines. Son testament fut approuvé à Tournai le 15 septembre 1678 (2). En 1694, il était curé de Deulémont, village près de Lille.

Jean-Etienne Caulier, père, testa conjonctivement avec sa seconde femme à Tournai, le 25 septembre 1677. Par cet acte, les époux Caulier-Quinet donnent à l'église de Sars en Artois (Sars-le-Bois, lez Avesnes-le-Comte), un « surcaus » de quatre florins et demi l'an, que le testateur avait sur la maison Masquelier au village de Denier « à charge de deux messes de *Requiem* » chacun an à perpétuité pendant les octaves des » morts pour le salut de nos âmes, celle de feue » Iolente Anne Willart, première femme audit » testateur, de ses père et mère et parents tres- » passés quy en auront le plus besoin. »

Les biens furent partagés entre le fils et les filles du second lit, et le fils aîné du testateur, étant jésuite et mort civilement, ne reçut qu'une rente viagère de 24 florins. Le second fils eut une ferme sise à Pecq, sur l'Escaut, que son père avait achetée par décret au bailliage de Tournai, sur les enfants du Sr Lescuyer.

L'exécuteur de ce testament fut Messire Charles de Spiennes, chevalier, seigneur du Vivier. L'approbation des maïeur et échevins de Tournai fut donnée le 29 décembre 1679, après le décès du testateur, et le 3 janvier 1680 (3).

(1) BIBL. PUBLIQUE DE TOURNAI. *Manuscrit* CCXXVI, p. 229.
(2) ARCHIVES DE TOURNAI. *Testaments*. Paquet de 1678.
(3) Idem, ibidem. Paquet de 1680. — Voici l'épitaphe de Jean

De la seconde union de Jean-Etienne Caulier, vinrent sept enfants qui suivent :

A. Catherine-Louise *Caulier*, baptisée à Sainte-Marguerite de Tournai, le 12 mars 1664, fut tenue sur les fonts par Très-illustre seigneur François-Gilbert Villain de Gand, vicomte de Forez (1), chanoine de Tournai, et par Cécile Dennetières, dame du Vivier (2) pour Catherine-Louise de Landas, dame de Wannehain ;

B. Cécile-Françoise *Caulier*, baptisée dans la même église, le 30 avril 1665, eut pour parrain, Révérend Monsieur François du Chasteau, chanoine de Tournai, et pour marraine, dame Cécile-Françoise Dennetières ;

C. Marie-Aldegonde *Caulier*, baptisée dans la dite église, le 28 juin 1666, eut pour parrain son frère du premier lit, Jean-Estienne Caulier, et pour marraine, sa tante Jeanne Quinette (*sic*) représentée par son autre tante, Cécile Quinet. Elle mourut avant 1672 ;

D. Charles-Joseph *Caulier*, baptisé dans la même église le 15 janvier 1668, tenu sur les fonts par son frère, Jean-Etienne Caulier, et par D[lle] Laurence Rogier, fut licencié-ès-lois et avocat. Il recueillit toutes les épitaphes et inscriptions funéraires des églises de Tournai et de quelques-unes des paroisses du Tournaisis. Son travail forme un gros volume dû à la plume du président Ferdinand MALOTAU DE VILLERODE, qui mit en ordre les notes éparses de Caulier. C'est aujourd'hui le manuscrit CCXXVI de la Bibliothèque publique de Tournai.

Charles-Joseph CAULIER mourut à Tournai,

Etienne CAULIER et de ses deux femmes, telle qu'on la voit à la page 130 du Manuscrit 226 de la Bibliothèque de Tournai.

> CY GIST JEAN-ESTIENNE CAULIER, LICENCIÉ ÈS LOIS ET CONSEILLER DV ROY EN TOVRNAI, FILS DE JEAN ET D[elle] FRANÇOISE BAYART, LEQUEL DÉCÉDA LE 23 DÉCEMBRE 1679, AGÉ DE 52 ANS, AYANT ÉPOVSÉ EN 1re NOPCE, D[elle] IOLENTE ANNE WILLART, DÉCÉDÉE LE XJ°. JUIN 1662, ET EN 2e NOPCE, D[elle] LOUISE QUINET, DÉCÉDÉE LE 20 9BRE 1678. PRIEZ DIEU POUR SON AME.

Au dessous de cette inscription, on voyait les armoiries des CAULIER dans un écusson de forme ordinaire. Il était accompagné de deux écus-lozanges, celui de droite, *parti* de *Caulier* et de *Willart*, et celui de gauche, *parti* de *Caulier* et de *Quinet*.

(1) Il ne s'agit pas là du Forez, ancienne province de France, mais du village de Forest en Ferrain, près de Tourcoing.

(2) C'était la femme du chevalier Charles de Spiennes, seigneur du Vivier, qui fut grand prévôt de Tournai.

sur Saint-Nicaise, le 29 novembre 1698, après avoir épousé à Saint-Piat de cette ville, le 17 août 1693, *Antoinette* DANGREAU (d'Angreau), baptisée dans ladite église, le 15 janvier 1658, morte sur Saint-Jacques, le 13 janvier 1736, fille de Honorable homme Antoine *Dangreau* et de Marguerite *de Lespierre*. — Antoinette Dangreau testa à Tournai, le 29 juillet 1729 et son testament y fut approuvé le 17 janvier 1736 (1). Son seul enfant étant décédé, elle n'eut que des légataires qui furent D^lle^ Marie-Robertine-Josèphe *Perdu* et Dlle Marie-Jeanne *Gérard*, veuve du sieur Benoît-Raphaël Perdu, avocat.

Charles-Joseph Caulier fut père d'un unique enfant ; savoir :

a. Charles-Joseph Caulier, baptisé à Tournai, dans l'église de Sainte-Marie-Magdeleine, le 27 juillet 1694, fut tenu sur les fonts par Dame Françoise Despienne dalbasse et par Noble homme de Pape, écuyer, seigneur dalbasse (2) au nom de Jean-Etienne Caulier, prêtre, curé de Deulémont. — Voici l'épitaphe de cet enfant :

Armoiries des Caulier.

CY GIST CHARLES-JOSEPH CAULIER, FILS DE CHARLES, LICENTIÉ-ÈS-LOIS, ET D^lle^ ANTOINETTE DANGREAU, DÉCÉDÉ LE 6 7bre 1694, AGÉ DE SIX SEMAINES (3).

E. Alexandre-François *Caulier*, baptisé à Sainte-Marguerite de Tournai, le 6 juin 1669, fut tenu sur les fonts par Jean-François-Alexandre Dennetières, écuyer, seigneur de Wannehain, et par

(1) ARCHIVES DE TOURNAI, *Testaments*, Paquet de 1736.

(2) Il s'agit de Guillaume *de Pape*, seigneur d'Hallebast à Dickebush-lez-Ypres.

(3) BIBLIOTHÈQUE DE TOURNAI. Ms. CCXXVI, p. 48.

Cécile-Françoise Dennetières, dame du Vivier, au nom de Bernardine de Spiennes, dame de Beughem. Alexandre-François mourut à Tournai, sur Saint-Brice, le 8 septembre 1690. Voici son épitaphe :

Armoiries des Caulier.

ICY GIST ALEXANDRE-FRANÇOIS CAVLIER, FILS DE JEAN, CONSEILLER DV ROY EN SON BAILLIAGE DE TOVRNAY ET TOVRNAISIS, ET DE D^{lle} LOVISE QVINET, DÉCÉDÉ LE 8e DE 7bre L'AN 1690, AGÉ DE 21 ANS. R. I. P. (1).

F. Marie-Aldegonde *Caulier*, baptisée aussi à Sainte-Marguerite, le 1er janvier 1672, ténue sur les fonts par Adrien Patenostre pour Révérend M. Dominique Pallart, et par D^{lle} Cécile Quinet;

G. Cécile *Caulier*, baptisée dans la même église le 26 mars 1673, eut pour parrain, Révérend M. Dominique Palart, et pour marraine, sa sœur Cécile-Françoise Caulier.

6° MARIE-MARTHE Quinet, morte à Antoing, le 31 janvier 1668;

7° ANNE Quinet morte à Antoing, le 9 août 1699, sous le nom de *Quinette*, après y avoir épousé, sous le nom de *Quinet*, le 2 octobre 1687, *Christophe* CHAMART (2);

8° CÉCILE Quinette, baptisée à Saint-Brice de Tournai, le 21 mars 1640, comme fille de Honorable homme Jean Quinet et de Marie Gadelier, fut tenue sur les fonts par Jean Cran et D^{lle} Cécile Danthoin. C'est elle qui fut marraine à Sainte-Marguerite pour sa sœur Jeanne, le 28 juin 1666, et en son propre nom, le 1er janvier 1673, les deux fois ayant pour filleule, une Marie-Aldegonde Caulier;

9° JACQUES Quinet, baptisé à Saint-Brice, le 16 juillet 1645, eut pour parrain, Jacques Coucq, et pour marraine, sœur Anne Quinet, béguine au Grand béguinage de Louvain.

---

(1) BIBLIOTHÈQUE DE TOURNAI. Ms. 226, p. 363.
(2) CHAMART : *écartelé*, aux 1 et 4, *d'or à trois têtes de léopard de gueules*, et aux 2 et 3, *d'or à trois fasces de gueules*.

Pour être complet autant que possible, nous croyons devoir donner les épitaphes et la note suivantes :

Armoiries des QUINET (*chevron et roses*).

ICY GIST HON. H. NICOLAS QVINET LEQVEL TRESPASSA LE ...... 1640. PRIEZ DIEV POVR SON AME (1).

Ce personnage fut inhumé à Saint-Brice de Tournai dans la chapelle de Notre-Dame de Bon-Secours où furent depuis enterrés quelques membres de la famille *Boucher* issue des *Quinet*.

Ecusson en forme de losange, *parti* : A. *Une aigle*; B. *Une fasce, accompagnée en chef d'un casque et en pointe de trois croissants rangés*.

Ce sont les armoiries des RANDIR unies à celles des QUINET dits *de la Chambre*.

CY GIST D[lle] MAGDELEINE QUINET, DITE DE LA CHAMBRE, UEVUE DE FEU MAITRE MICHEL RANDIR, AUOCAT POSTVLANT A DOVAI, TRÉPASSA LE 7e DE MARS 1646. PRIEZ DIEV POVR SON AME (2).

Voici l'acte de décès de cette demoiselle :

Le vendredi 8e jour de Mars 1646, trespassa D[lle] Magdeleine Quinette, nièce en son temps à M. Boucher et le lendemain fut faict son seruices auxquels seruices fut distribué aux pauures de la paroisse prenant l'enseigne vne razière de bled qonuerti en pain. Complet (3).

(1) BIBL. DE TOURNAI, *Ms*. 226, p. 389.

(2) Idem, ibidem, p. 185.

(3) ARCHIVES DE L'ÉTAT CIVIL DE TOURNAI. *Registre 343*, folio 175, verso. Paroisse de Saint-Quentin. — Il s'agit là d'une nièce du fameux prêtre ligueur, *Jean* BOUCHER, docteur et doïen de la sacrée faculté de Théologie en l'Université de Paris et *senieur* (ancien) de la Maison de Sorbonne, chanoine et archidiacre de la Cathédrale de Tournai, dont le testament fut approuvé à Tournai, le 20 avril 1648. Il appartenait à la famille BOUCHER D'ORÇAY, dont il portait les armes : *de gueules semée de croisettes d'argent, au lion d'or armé et lampassé de gueules*. Il eut pour héritières, les D[lles] *Catherine* et *Marguerite* QUYNET, dit DE LA CHAMBRE, filles de feu Michel *Quynet*, dit *de la Chambre*, écuyer, et d'encore vivante, D[lle] Marie *Robert*, son épouse. — ARCHIVES DE TOURNAI. *Testaments*, Paquet de 1648.

Tournai, typ. Casterman.

www.ingramcontent.com/pod-product-compliance
Ingram Content Group UK Ltd.
Pitfield, Milton Keynes, MK11 3LW, UK
UKHW022157260726
13993UKWH00005B/2426

9 782019 980207